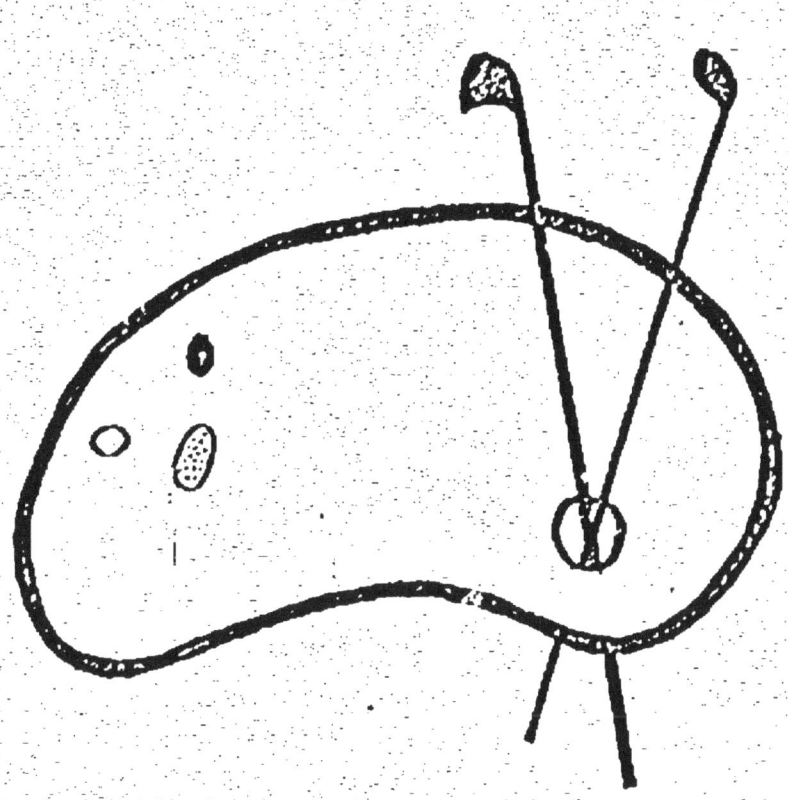

DEBUT D'UNE SERIE DE DOCUMENTS
EN COULEUR

LES
STATUES DE LOUIS XIV
A CAEN

PAR

P. DE LONGUEMARE

VICE-PRÉSIDENT DE LA SOCIÉTÉ DES ANTIQUAIRES DE NORMANDIE

PARIS
TYPOGRAPHIE DE E. PLON, NOURRIT ET Cie
RUE GARANCIÈRE, 8

1896

PARIS

TYPOGRAPHIE DE E. PLON, NOURRIT ET Cie
Rue Garancière, 8.

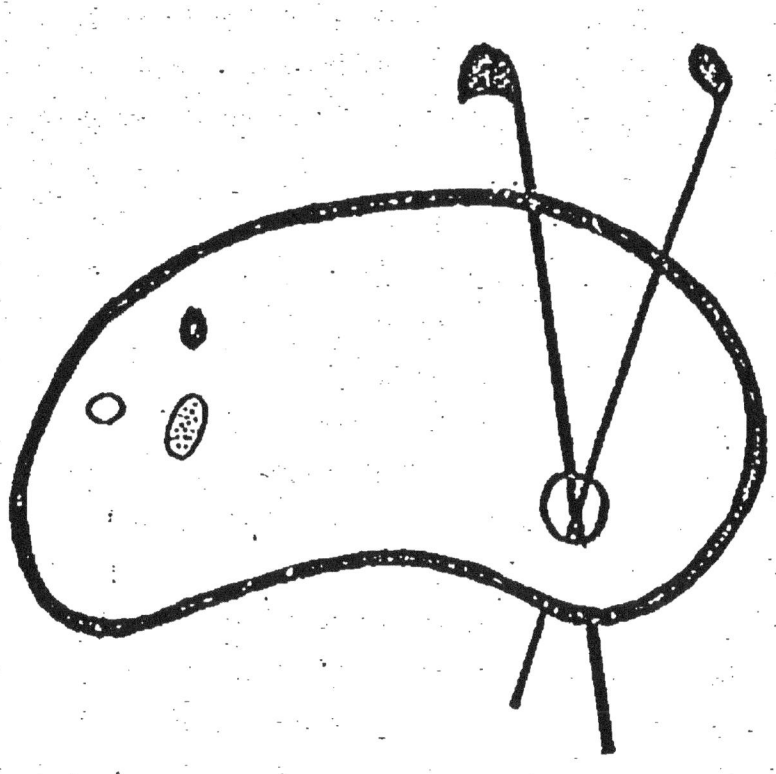

FIN D'UNE SERIE DE DOCUMENTS EN COULEUR

LES
STATUES DE LOUIS XIV
A CAEN

Ce mémoire a été lu à la réunion des Sociétés des Beaux-Arts des départements, tenue dans l'hémicycle de l'École des Beaux-Arts, à Paris, le 7 avril 1896.

LES
STATUES DE LOUIS XIV
A CAEN

PAR

P. DE LONGUEMARE

VICE-PRÉSIDENT DE LA SOCIÉTÉ DES ANTIQUAIRES DE NORMANDIE

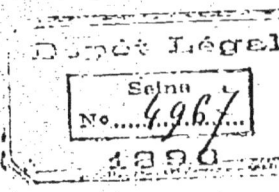

PARIS
TYPOGRAPHIE DE E. PLON, NOURRIT et Cie
RUE GARANCIÈRE, 8

1896

LES
STATUES DE LOUIS XIV
A CAEN

En face de la vieille abbaye fondée par Guillaume, duc de Normandie, au milieu d'un large boulevard garni de grands arbres et d'où la vue découvre la prairie de Caen, si riante en été, se trouve une statue en bronze, d'apparence bizarre. Sur un socle de marbre blanc depuis longtemps dépoli par les frimas, se dresse l'image de Louis XIV, revêtu du costume romain, le front ceint de lauriers, la main gauche appuyée sur un glaive, la droite tenant des palmes tressées en couronne.

Le Roi-Soleil fait triste figure au milieu de marronniers séculaires, et, comme le monument ne se trouve posé dans l'axe d'aucune des rues qui l'entourent, cela ajoute encore à son aspect singulier. On sent qu'il a été mis là par aventure, en hâte, et que telle ne devait pas être sa place primitive.

C'est en effet une histoire assez imprévue que celle des vicissitudes subies à Caen par l'image du Grand Roi. Elle mérite, croyons-nous, d'être racontée, car, si elle est curieuse au point de vue local, elle n'est pas sans intérêt lorsque l'on étudie les manifestations souvent étranges du sentiment artistique en province.

Ce fut le 4 novembre 1684 que le corps municipal décida d'ériger à Caen une statue du Roi. En agissant ainsi, les édiles cédaient-ils à l'entraînement général qui portait de toutes parts les cités à célébrer le monarque parvenu à l'apogée de sa puissance et de sa gloire? Nous ne le pensons pas.

Il est certain que les victoires de Condé, les orages de la Fronde heureusement dissipés, les succès de Turenne et peut-être plus encore la sage administration de Colbert avaient rendu populaire le règne présent. Mais à Caen, si l'enthousiasme existait chez certains, il y avait toute une partie de la population, un tiers, dit-on, qui, appartenant à la religion réformée, vivait dans l'inquiétude. L'Édit de Nantes n'était pas révoqué, et nul ne prévoyait une mesure aussi radicale; mais il était facile cependant de voir de quel côté se portaient les préférences du souverain et de deviner une partie de ses intentions; aussi régnait-il dans la masse protestante, très nombreuse et très puissante en basse Normandie, un malaise mal défini, mais certain, qui ne la poussait guère aux manifestations royalistes. Ces craintes d'ailleurs augmentaient chaque jour par les nouvelles venues des localités voisines, telles qu'Alençon et Condé-sur-Noireau, où l'exercice du culte réformé avait été troublé par quelques fanatiques, assurés d'une quasi-impunité.

Il fallait pour engager la municipalité à prendre cette décision l'ascendant d'une personnalité influente, ayant elle-même tout intérêt à se faire bien voir du pouvoir royal. Cette personnalité fut celle de M. de Morangis, intendant de la généralité de Caen.

Une petite brochure, portant la date de 1685, très curieuse et très rare, qui se trouve à la bibliothèque municipale, le dit d'ailleurs formellement; et il n'est pas douteux que si l'intendant n'eût pris l'initiative de cette manifestation, elle ne se fût pas spontanément produite [1].

A Paris, deux statues du Roi avaient été érigées, l'une en 1672 à la porte Saint-Denis, en souvenir des campagnes d'Allemagne et de Hollande, l'autre, un groupe en bronze, dû à la munificence du duc de la Feuillade; enfin l'Arc de triomphe, connu sous le nom de porte Saint-Martin, venait d'être inauguré. M. de Morangis pensa que la ville de Caen devait aussi avoir son monument. Les échevins sentaient l'appui de l'intendant trop nécessaire pour être récalcitrants; par deux délibérations en date des 4 et 9 no-

---

[1] Le regretté M. Campion a publié, il y a dix-huit ans, dans l'*Annuaire du Calvados*, quelques pages sur ce sujet, mais il a sur ce point une opinion différente. Il ne paraît pas, d'ailleurs, avoir eu connaissance de cette brochure, et souvent il est en contradiction avec elle, à tort, pensons-nous, puisque aucun document ne peut nous renseigner plus exactement que ces pages, contemporaines de l'événement.

vembre 1684, ils décidèrent qu'une statue serait élevée au Roi, et que l'on aménagerait pour la recevoir un terrain vague, dépendant de la prairie, appelé les Petits Prés, à droite de la chaussée Saint-Jacques, et que la place « ainsi formée, nivelée et entourée de garde-fous, soit par bannie, soit par marché[1] », prendrait le nom de place Royale.

Restait l'exécution de la statue elle-même; on dit généralement qu'elle fut commandée à un sculpteur caennais, nommé Postel. La petite brochure, déjà citée, prétend au contraire que cette œuvre se trouvait en cours d'exécution et était destinée à la ville de Rouen. Un généreux donateur « devait la faire élever au milieu du port, sur une pile du Vieux Pont de pierre, vis-à-vis de la porte de la Paix en perspective de la rue Grand-Pont ». Le marché presque conclu devint caduc par la mort du donataire futur, et l'un des échevins, Segrais, dont les rapports artistiques avec Postel sont connus, l'acheta alors pour la ville de Caen.

Ce Postel, bien qu'aucun biographe ne parle de lui, était un artiste habile. On lui devait une statue de Malherbe commandée par le même Segrais et placée par lui dans une niche, sur la façade de son hôtel de la rue de Lengannerie, au-dessous d'une table de marbre noir où se lisaient ces vers :

> Malherbe, de la France éternel ornement,
>   Pour rendre hommage à ta mémoire,
>   Segrais, enchanté de ta gloire,
>   Te consacre ce monument.

De Postel étaient également deux statues de saint Jean, qui ornaient le chevet de l'église de ce nom; enfin le très étrange et très connu abbé de Saint-Martin lui avait commandé diverses autres œuvres qu'il plaça, pour sa gloire personnelle, en plusieurs « endroits et places publiques ».

La municipalité, d'accord avec M. de Morangis, fixa l'inauguration du monument au 5 septembre 1685, jour anniversaire de la naissance du Roi. Les choses furent faites avec une grande solennité. Dès le 13 août le recteur envoya à toutes les Facultés une convocation imprimée, tandis que le 14 du même mois, les échevins

---

[1] Registres de ville.

décidaient de convier à cette cérémonie « tous les corps, qui étaient invités, ledit jour 5 septembre, quatre heures d'après-midi, de se rendre en l'église des religieux Jacobins, pour assister au *Te Deum* qui y serait chanté et entendre l'oraison prononcée par le R. P. Féjeac, docteur en théologie, prieur du monastère ».

Dès le matin du 5 septembre, au point du jour, les trompettes, les tambours et bientôt après le carillon de toutes les cloches et le canon du château annoncèrent la fête. La cérémonie commença à neuf heures.

Le lieutenant particulier Gohier, l'avocat du Roi Vauquelin, le procureur du Roi Bazin, les échevins [1] : Regnauld de Segrais, Morel, Fredelle et Lioult, se réunirent à l'hôtel de ville et, précédés d'huissiers en tunique de velours, de sergents porteurs des écharpes, se rendirent à l'église des Cordeliers.

Cette église détruite en 1562 par les calvinistes avait été réédifiée sur un plan assez grandiose grâce aux aumônes des fidèles et en particulier à la générosité de Henri IV, qui n'aimait pas à laisser subsister longtemps la trace des excès commis par ses anciens coreligionnaires. C'était, d'ailleurs, la chapelle de Messieurs de l'Université, par les soins desquels avait été élevée sur le frontispice du portail une pyramide fort haute, chargée de devises et d'emblèmes, entourant le portrait du Roi.

Toutes les abbayes voisines avaient envoyé des représentants, le corps judiciaire s'était également rendu à l'invitation de l'Université, qui était au grand complet.

Ce fut Mgr de Nesmond, évêque de Bayeux et grand chancelier, qui célébra la messe pontificale; quant au panégyrique du Roi, il fut prononcé par M. Malouin, recteur. La procession se forma ensuite et se déroula au milieu des rues nettes, les boutiques fermées ».

C'était chose curieuse que ces cortèges nombreux où figuraient d'abord tous les Ordres mendiants précédés de leurs croix de bois, Cordeliers, Capucins, Carmes, aux longues robes brunes ou grises; puis les Jacobins, les Dominicains aux vêtements immaculés,

---

[1] « Le corps de ville était un des plus considérables du royaume, par la noble prérogative qu'on ne peut élire que des gentilshommes pour ses premiers échevins. » (Note de la brochure citée plus haut.)

recouverts de scapulaires et ceints de rosaires, enfin les Oratoriens, les Eudistes et les Jésuites, dont les costumes plus sévères attiraient moins les regards. A leur suite venaient les autorités civiles et judiciaires, les membres de l'Université et enfin l'évêque sous un dais rehaussé d'or et entouré de tout le clergé de la ville.

Arrivé à la place Royale, le cortège se rangea autour de la statue, et au bruit du roulement des tambours, des sonneries des trompettes, du carillon des cloches, des décharges de mousqueterie, du canon du château, l'évêque bénit le monument et M. de Morangis prononça quelques paroles.

L'intendant promoteur de la fête continua à en faire les frais. Il reçut et traita somptueusement « toute cette compagnie » à laquelle s'était jointe en grand nombre la noblesse des environs. Au repas succédèrent un concert, des prologues d'opéra à la gloire du Roi, puis une nouvelle cérémonie religieuse à l'église des Jacobins, où se trouvaient de nouveau réunis le corps de ville, l'Université, Messieurs du Présidial et de la Vicomté. Après le chant d'un motet en l'honneur du souverain dont le texte nous a été conservé, le R. P. Féjeac, prieur des Jacobins, prononça un nouveau panégyrique du Roi, en français. La cérémonie se termina par le chant du *Te Deum*.

La nuit était venue, le cortège se rendit de nouveau au pied de la statue, et « M. de Segrais, premier échevin, si connu par son mérite et par ses ouvrages », pria M. l'Intendant d'allumer le feu de joie. A ce moment les bourgeois rangés autour de la place firent trois décharges, auxquelles le château répondit par toute son artillerie.

Une collation populaire, un bal, un feu d'artifice, couronnèrent la fête, et la foule était nombreuse « dans la maison de M. de Segrais où s'assemble l'Académie[1] et d'où l'on voyait fort bien le feu ».

Quant à M. de Morangis, il fit également bien les choses pour les gens du commun, et toute la nuit deux fontaines de vin coulèrent à sa porte. Les rues, d'ailleurs, étaient remplies de tables couvertes de victuailles; la ripaille fut générale jusqu'au matin.

Qu'était la statue elle-même? Nous n'avons ni dessin, ni gravure qui puisse nous la rappeler; on ne saurait en effet qualifier de ce nom la petite esquisse microscopique figurée par M. de Fer,

[1] L'Académie de Caen, fondée par Moisant de Brieux en 1651.

géographe, sur son plan de la ville et du château de Caen édité en 1718 [1]. Nous savons cependant qu'elle réunit les suffrages des connaisseurs d'alors. Pleine de vie et de mouvement, haute de huit pieds, élevée sur un piédestal de douze, le Roi y était représenté debout, le bras tendu dans un geste de commandement.

Autour du piédestal, quatre figures tenaient les armes et la devise du monarque, mêlées à divers trophées. Des inscriptions latines étaient gravées en lettres d'or sur quatre tables de marbre noir. On les jugeait alors « dignes d'une ville qui est en possession de donner à la France d'excellents poètes ».

Voici ces inscriptions :

Sur la première face, le madrigal suivant de Segrais :

> A cette auguste Majesté,
> A cette héroïque fierté,
> Reconnaissez, races futures,
> Louis, Roy juste et conquérant.
> L'histoire vous dira par quelle aventure
> Il mérita le nom de Grand.

Sur la seconde face, à droite, on lisait ce distique d'un anonyme :

> Magnus Cæsareœ [2] Lodoix jure imperat urbi.
> Fortuna, factis, pectore Cæsar adest.

Sur la troisième face, à gauche, figurait l'épigramme suivante, due à M. de la Motte, lieutenant général à Caen :

> Civis opus, Patriusque lapis stat regia Magni
> Principis effigies : publica cura fuit.
> Sic memori saxo, Lodoix, tua credimus ora,
> Duret ut æternum conditus Urbis amor.

Enfin, sur le quatrième côté avait été gravée cette inscription à l'antique faite par M. du Tot-Ferrare, conseiller au parlement de Rouen, « un des premiers hommes de ce siècle, en ce genre d'écrire » :

> LUDOVICO
> TRIUMPHATIS HOSTIBUS, AUCTO IMPERIO
> PACATO ORBE, VECTIGALIBUS REMISSIS,

---

[1] Bibliothèque municipale.
[2] Cadomus, Caen, quasi Caii Cæsaris domus. (Note de la brochure.)

PIO, FELICI, SEMPER AUGUSTO,
REGIS MAXIMI
DEVOTA MERITIS, SECURA VICTORIIS
ÆTERNÆ FIDEI MONUMENTUM,
UNO CORDE, MULTIPLICI NOMINE,
CIVITAS CADOMENSIS
POS. 1685.

Postel reçut 1,140 livres pour son œuvre; mais les échafaudages, la balustrade, etc., coûtèrent trois fois plus.

Quant à la dépense du banquet, elle s'éleva à 1,000 livres, et celle du feu d'artifice à 709 livres. Ce fut au total une somme de 7,082 livres 1 sol et 6 deniers, que la ville eut à payer.

Malheureusement la nouvelle statue sculptée dans une pierre assez friable n'était pas destinée à durer bien longtemps, même si elle n'avait pas été victime de la rancune des partis. Dès 1738, comme l'apprend Charles-Gabriel Porée dans sa *Mandarinade*, elle était déjà « défigurée et abîmée, et menacée de devenir bientôt un épouvantail ».

Les hommes devancèrent l'œuvre du temps. Le 2 juillet 1791, les inscriptions furent brisées, et le lendemain la statue elle-même fut mise en pièces; les débris furent enlevés et portés à la Mission, du moins ce qui en restait, car les destructeurs en avaient emporté comme trophées diverses parties, entre autres la tête qui ne put être retrouvée [1]. A qui doit incomber la responsabilité de cet acte de vandalisme? Barthélemy Pont [2], et après lui divers historiens de la ville de Caen, rejettent la faute sur des gens inconnus n'ayant obéi qu'à leurs passions personnelles. Le récit suivant emprunté au journal d'un témoin oculaire, manuscrit intéressant [3] déjà cité dans d'autres recherches, nous montre qu'il faut en accuser le club des Jacobins, association bien organisée et puissante. La destruction de la statue fut un acte prémédité : « Nos clubiens ne sachant plus quel
« mal faire, dit Énault, proposèrent d'abattre la statue pédestre de
« Louis XIV, élevée au milieu de la place Royale. Cette proposition
« souffrit quelques difficultés. Des protestants qui avaient leurs

---

[1] La voix publique accusa un nommé Hautpois; celui-ci protesta dans les journaux.
[2] Barthélemy Pont, *Opuscules normands*, 1861. Caen, librairie Boisard.
[3] Manuscrit Énault. Voir *Histoire du Théâtre à Caen*.

« maisons sur cette place voyaient ce monument avec peine et
« favorisaient le projet. On fit une pemière tentative dans la nuit
« du 2 au 3 juillet. La garde ayant été avertie, le coup fut man-
« qué ; les quatre inscriptions gravées sur des plaques de marbre
« furent seulement enlevées. On réussit la nuit suivante, la statue
« fut renversée et brisée.

« La municipalité resta tranquille et ne fit aucune poursuite
« contre les coupables. Les citoyens honnêtes furent inquiets,
« mais il fallait se contenter de gémir en silence. Quelques
« grenadiers et chasseurs de la garde nationale furent soup-
« çonnés d'avoir prêté la main ; on parla de les renvoyer ; ils
« parvinrent à se faire tant de partisans que cette proposition n'eut
« pas de suite. Deux jours après, le corps municipal rendit un
« arrêté dans lequel le procureur de la commune concluait à la
« remise du procès-verbal entre les mains de l'accusateur public, à
« l'effet de poursuivre les auteurs, et la municipalité, sans faire
« droit sur ce réquisitoire, défendit simplement d'attenter à l'ave-
« nir aux monuments publics, sous peine d'être puni suivant
« l'exigence des cas. Cette faiblesse du corps municipal révolta les
« citoyens attachés au roi. Le tribunal de district prit fait et cause
« et commença une information. On désirait la punition des cou-
« pables qui certainement en méritaient une pour cette action qui
« dans un autre ordre de choses serait capable d'attirer sur les
« habitants des peines proportionnées au délit. Cette statue avait
« été placée en 1684. »

L'auteur du manuscrit, après avoir raconté divers autres faits,
revient sur le renversement de la statue et sur l'enquête judiciaire
qui fut ouverte à cette occasion. Il y a là une page trop curieuse
sur le fonctionnement de la justice à cette époque pour que nous
ne la citions pas en entier.

« ..... Le tribunal du district faisait informer au sujet de la sta-
« tue de Louis XIV. Des dépositions des témoins il en résultait
« assez pour faire décréter six des principaux auteurs. Le club
« voulut arrêter la procédure et écrivit pour cela à l'Assemblée
« nationale ; non content de cette démarche, il envoya des députés
« au président du tribunal lui enjoindre de ne pas poursuivre,
« parce qu'autrement il lui en arriverait autant qu'à M. de Bel-
« zunce. Cette invitation eut son effet, et l'affaire fut suspendue.

« Cependant les auteurs n'étaient pas tranquilles, ils tentèrent de
« se servir des gardes nationales étrangères pour enlever de force
« la procédure, ils ne furent pas secondés. Le club s'y prit d'une
« autre manière. Le 14 au soir il envoya quatre députés chez le
« président du tribunal lui renouveler les premières instances, ils
« le menaçaient d'exciter le peuple contre lui, de l'abandonner à
« toute sa fureur ainsi que les autres juges s'il refusait de remettre
« à l'instant la procédure.

« Le président craignit l'effet de ces menaces, remit l'informa-
« tion, à condition toutefois qu'elle serait brûlée sans être lue, ce
« qui fut exécuté; mesure sage et prudente dont on sut gré au
« président. D'un autre côté, on trouvait mauvais qu'il eût cédé
« si promptement, parce qu'ignorant la voie cachée dont on avait fait
« usage, il devait paraître extraordinaire aux habitants de ne plus
« entendre parler de cette affaire. M. de Démouville, chevalier de
« Saint-Louis et colonel de la garde nationale, était à la tête de la
« députation; qu'on juge d'après cela de l'état d'anarchie dans
« lequel nous vivons, de l'autorité du club sur tous les corps
« administratifs et judiciaires, et combien il était impossible de
« remplir son devoir et de faire exécuter les lois. »

L'affaire enterrée, la place fut nivelée, débaptisée, et le souvenir
même de la statue disparut jusqu'à la Restauration [1].

Les Bourbons avaient repris possession du trône de France
depuis quatre ans lorsque la municipalité de Caen, le 21 décembre

---

[1] Caen ne fut malheureusement pas la seule ville à se signaler par la destruction
de statues rappelant le pouvoir déchu, d'autres cités se livrèrent à des actes de
vandalisme analogues; aussi le couplet suivant, publié par l'*Almanach royaliste*
en 1793, eut-il un vrai succès et fut-il répandu à profusion, notamment en Normandie.

DE LA DESTRUCTION DES STATUES DES ROIS.

Air : *Des fleurettes.*

Renversons les statues
De nos vieux potentats,
Traînons-les dans les rues,
Ainsi que leurs dadas.
Leur présence est une injure
Pour de fiers républicains,
Qui craignent les souverains
Même en peinture.

(*La République en vaudeville*, à Paris, chez les marchands de nouveautés,
1793, § XXX.)

1819, sous la présidence du comte de Vendeuvre, maire, conçut l'idée d'orner de nouveau la place Royale d'une statue de Louis XIV, « afin d'attester le désaveu et la détestation authentiques d'un attentat sacrilège qui nous fut étranger et de tant de forfaits dont nous fûmes nous-mêmes les déplorables victimes[1] ». Le conseil votait 6,000 francs pour les premières dépenses et laissait au maire le choix du statuaire.

L'architecte de la ville, M. Harou-Romain, chargé de dresser le devis de la dépense du piédestal, joignit à ce projet un croquis de la statue telle qu'il la comprenait; il l'accompagnait des réflexions suivantes, assez singulières, il faut en convenir; elles séduisirent malheureusement la municipalité et ne furent sans doute pas étrangères à l'inspiration du monument actuel.

Discutant la question de savoir si la statue devait être vêtue ou non, M. Harou-Romain s'exprimait ainsi : « L'érection d'une « statue est une action qui a pour but d'offrir à la reconnaissance « ou à l'admiration publique les héros ou les grands hommes. C'est « à la vertu, au génie ou au courage sous les traits de Socrate, « d'Homère ou d'Alexandre que cette sorte de monument a été élevée.

« L'honneur se rapporte à leur vie tout entière ou bien à telle « ou telle de leurs actions. La transmission de ces dernières à la « postérité exige que les personnages soient représentés tels qu'ils « étaient au moment où ils les ont accomplies. Dans l'autre genre, « au contraire, le héros, le grand homme ne peut plus avoir rien « de commun avec les autres hommes; le spectateur n'a pas « besoin qu'on lui rappelle que Marc-Aurèle portait une toge ou « une robe prétexte, que Henri IV avait une fraise autour du cou; « pour lui ces princes n'appartiennent plus à tel ou tel siècle, « mais à toutes les générations..... » Et il concluait « qu'il fallait « représenter Louis XIV presque nu, vêtu à l'antique d'une robe « qui laissait le buste à peu près à découvert, la tête couronnée de « lauriers, etc. »

Que telles fussent les idées de M. Harou-Romain, rien de mieux; mais qu'elles aient séduit un sculpteur de la valeur de Petitot, l'auteur de la statue actuelle, cela peut paraître étrange, à moins que, plus préoccupé de plaire à ceux qui lui faisaient cette

[1] Texte de la délibération du conseil municipal.

commande que de l'art en lui-même, il n'ait voulu flatter le goût des édiles approuvant les arguments de M. Harou-Romain.

Cependant le conseil municipal, afin de diminuer la dépense, s'était adressé à l'État et avait obtenu le marbre nécessaire pour édifier le socle [1]. L'arrivée à Caen des blocs embarqués à Boulogne donna lieu à un incident assez curieux. Ce fut le 1er avril qu'ils parvinrent dans le port de Caen. Ils étaient au nombre de trois, et l'un d'eux, presque carré, pesait 42,000 kilos. Il en coûta 1,800 francs pour le débarquement, qui eut lieu sans incident; mais le bloc débarqué, il fallut le transporter. Cela paraissait presque impossible, et le maire était fort embarrassé..... Il mit ce transport aux enchères, et il se trouva un adjudicataire qui moyennant 800 francs se chargea de l'amener place Royale. Pour le conduire à cet endroit, nous empruntons ces détails au manuscrit Énault, on l'entoura aux deux extrémités de morceaux de bois qui, réunis et retenus par des liens en fer, formaient comme les jantes d'une roue dont le bloc lui-même par sa forme formait le moyeu. Un câble fixé par un morceau de bois placé transversalement en faisait trois fois le tour. En tirant sur le câble, le bloc tournait et allait en avant. C'étaient des hommes seuls qui, après essais, avaient été considérés comme le mode de traction le plus pratique.

Le 14 il arriva à la jonction de la rue des Carmes et de la rue Saint-Jean, le 15 il était conduit à la hauteur de la rue de Bernières, le 16 il passait le pont Saint-Jacques, convenablement étayé, et enfin vers le soir il était amené au milieu de la place Royale..... Alors on s'empressa de construire une baraque en bois pour l'abriter, et des ouvriers travaillèrent à le diviser en plusieurs morceaux! « Ce travail aurait pu être fait sur le quai », fait judicieusement remarquer Énault, et il ajoute : « La conduite de la municipalité parut irréfléchie. » ... Je crois bien!

Pendant ce temps le conseil municipal, après avoir décidé que la statue serait en marbre, était revenu à l'idée d'une statue de bronze et, d'après les avis du conseil des bâtiments civils, prenait la résolution de confier au même sculpteur l'exécution de la statue et du piédestal.

---

[1] Le prix d'achat et d'extraction des trois blocs de marbre du Boulonnais payé par l'État se montait à 8,392 fr. 85.

Des projets avaient été soumis par plusieurs artistes de talent : MM. Petitot, pensionnaire du Roi; James Pradier, ancien pensionnaire de l'Académie de France à Rome; Ramey et Bosio, membres de l'Institut, et de Seine, membre de l'ancienne Académie de peinture de Paris.

On accorda la préférence à M. Petitot[1], peut-être parce que ses offres étaient les plus avantageuses; 35,000 francs seulement, alors que les autres concurrents demandaient le double. Le conseil le chargea donc d'exécuter l'œuvre; quant au modèle, il choisit parmi plusieurs projets celui que nous voyons actuellement.

On projetait de célébrer l'inauguration avec une grande solennité, mais dès le 9 septembre 1827 il y avait eu une première cérémonie pour le scellement du piédestal, fait par Mme la duchesse d'Angoulême de passage en basse Normandie.

Ce fut même une histoire assez curieuse que celle de la réception à Caen de la belle-fille du Roi. Le préfet, inquiet de l'heure tardive à laquelle devait se faire l'entrée solennelle de la princesse, avait pressé les relais, si bien qu'elle arriva à l'improviste, deux heures avant le moment où on l'attendait, d'où désarroi général, rien n'était préparé; on prétend même qu'à la préfecture, M. de Montlivault faisait sa barbe, et que la Dauphine dut attendre. La cérémonie du scellement du piédestal eut elle-même, malgré tout l'éclat dont on l'entoura, fleurs, discours, etc., quelques côtés défectueux. La statue absente avait été remplacée par un grand portique où se lisait cette inscription flatteuse :

LUDOVICO MAGNO
NEC NON
DIGNISSIMÆ NEPOTI
MARIÆ. THERESIÆ. CAROLÆ.

Malheureusement la forme en était si peu gracieuse que la princesse, paraît-il, eut un moment d'effroi et murmura tout bas : « Mais c'est l'échafaud de Louis XVI! »

Quoi qu'il en soit, la statue qui avait été fondue à Paris dans les

---

[1] Petitot (1794-1862), l'auteur des statues de *Marseille* et de *Lyon* qui figurent sur la place de la Concorde, du *Chasseur blessé*, etc.

ateliers de Crosatier arriva à Caen dans la première quinzaine d'avril 1828, et la cérémonie de l'inauguration fut fixée au 24ᵉ jour anniversaire du débarquement de Louis XVIII en 1814.

Haute de onze pieds, d'après la description même de Petitot, la statue représente « le monarque au moment où, rentré en France,
« il s'occupe du bonheur et de la gloire intérieure de son royaume
« par les encouragements qu'il donne aux sciences, aux arts et au
« commerce. Aussi le casque est déposé près de lui, et une épée brisée
« est sous ses pieds. Cependant son repos est celui de la force, et sa
« main gauche, encore appuyée sur son glaive, fait voir qu'il est
« toujours prêt à le ressaisir. Une couronne de laurier [1] serre la
« chevelure longue et naturelle qu'il portait dans sa jeunesse, et il
« est revêtu du costume romain, *le plus convenable aux monu-*
« *ments de ce genre ;* mais les fleurs de lis, qui forment la cou-
« ronne placée sur son casque, ramènent la pensée vers un roi
« français, et le soleil, qui fut sa devise, indique Louis le Grand que
« la noblesse de la pose, la majesté de la figure et la ressemblance
« des traits ne permettent pas de méconnaître. Au côté droit du
« prince est un cippe sur lequel sont déposées des couronnes de
« laurier qu'il va distribuer, et dont une est déjà dans sa main
« droite. Sur la face principale de ce cippe sont figurés un caducée
« et d'autres attributs du commerce, et sur les trois autres faces des
« trophées de guerre, de marine et des arts. »

De cette description embrouillée, mais malheureusement exacte, est-il possible de dégager nettement la pensée de l'artiste, en admettant qu'il en eût une très nette lui-même ? On peut se le demander. Le Larousse, qui d'ailleurs se trompe sur la date de cette statue, lui donne pour titre « *Louis XIV encourageant les artistes de son temps* ». Nous voulons bien admettre cette étiquette, mais de fait, le bronze caennais, s'il ne manque pas de quelques qualités sculpturales, est bizarre et froid ; le costume du monarque d'un mauvais goût achevé, le geste sans grâce et n'ayant pas la noblesse annoncée, rendent l'œuvre médiocre [2].

---

[1] A remarquer la ressemblance de cette statue avec celle de Louis XV de Cartelier, élevée sur la place royale de Reims.

[2] Jal dit, en parlant de cette statue, que « le goût si élevé de l'artiste s'est démenti en cette circonstance ; cette œuvre, en effet, n'a rien qui parle à la mémoire, à l'esprit et au cœur ».

Revenons à l'inauguration [1]; elle eut lieu le 24 avril 1828, à deux heures de l'après-midi. Le corps municipal ayant à sa tête le comte Louis d'Osseville, maire de Caen, était entouré des autorités civiles et militaires, des membres de l'Université, du clergé, des fonctionnaires, des membres des Sociétés savantes, etc. Comme en 1685, les salves d'artillerie du château et le carillon des cloches de la ville saluèrent l'image du Roi; puis le maire et le préfet, M. de Montlivault, prononcèrent des discours; enfin la troupe défila devant le monument.

Le soir, il y eut bal à l'hôtel de ville, illumination de la place Royale, et pendant ce temps le peuple tirait une loterie de comestibles offerts par la ville.

En mémoire de l'événement on frappa une médaille portant d'un côté l'image de la statue avec cette inscription: *Ludovici Magni. honores instaurati. signo œneo. reposito,* et au bas: *Cadomi* MDCCCXXVII. Sur le revers se voyaient les effigies de Louis XVIII et de Charles X, avec l'inscription de leurs noms et la signature du graveur Petit. Trois exemplaires en or de cette médaille furent offerts au Roi, au Dauphin et à la Dauphine; on en donna soixante en argent aux principaux fonctionnaires, et trois cents en bronze furent distribués aux habitants marquants de la cité.

Enfin, un poëte local, non sans talent, M. Le Flaguais, publia une ode pour perpétuer le souvenir de cette solennité.

En comparant les deux fêtes entre elles, celle de 1685 et celle de 1828, n'est-on pas frappé de l'éclat incomparablement plus grand de la première, éclat qui, comme nous l'avons dit, n'était pas dû à l'enthousiasme populaire? Laissant de côté la cérémonie religieuse, dans les divertissements offerts au peuple, la municipalité du dix-septième siècle avait agi avec une tout autre largesse que celle du dix-neuvième, et cependant le total des frais atteignit un chiffre dix fois supérieur.

Si les révolutions successives de ce siècle laissent intacte la statue, celle-ci semble devenir néanmoins l'objet de la mauvaise humeur des mécontents. A tout propos on saisit l'occasion de dire des choses désagréables à l'illustre monarque si malencontreusement revêtu du costume romain.

[1] Voir brochure publiée chez Chalopin, rue Froide. (Bibliothèque municipale.)

Le 1ᵉʳ novembre, par exemple, le *Journal du Calvados* publie les lignes suivantes : « Notre maire a eu l'heureuse idée de faire « peinturlurer en petit bleu la grille qui entoure, sur la place Royale, « la statue de Louis XIV. Beaucoup de personnes ont trouvé bien « le choix de cette couleur, qui est habituellement la peinture « emblématique des boutiques de perruquier. Louis XIV a fait « assez de fois la barbe à ses sujets pour qu'on en rappelle ainsi « le souvenir ; le jésuite Letellier et Mme de Maintenon, qui repas-« saient les rasoirs, souriraient en voyant une couleur si bien « appropriée au monument, etc. » La municipalité fit réponse que cette couche bleue n'était qu'une préparation pour recevoir une teinte bronze, d'où polémique avec le *Journal du Calvados,* qui prétendit que le bleu n'était jamais employé comme couche préparatoire, etc.

En avril 1830 on dora la grille, quelque temps après on la peignit de nouveau.

En 1831, autre manifestation, racontée ainsi par le journal local :

« Ce matin, les premières personnes qui ont traversé la place « Royale ont eu autant de surprise que le grand Roi en aurait eu « lui-même si le bronze qui le représente eût pu s'animer, en « apercevant le drapeau tricolore, symbole de nos libertés, flotter « à la main qui signa la révocation de l'Édit de Nantes. C'est en « effet un singulier contraste de voir cet emblème national porté « par le monarque le plus absolu, par l'homme qui disait : L'État, « c'est moi, maxime despotique que ses successeurs avaient bonne « envie de mettre en pratique, mais qui leur a été funeste : les « ordonnances de Juillet étaient une petite parodie de ce dicton « royal ; l'histoire avait flétri l'un, la France a sifflé l'autre.

« On dit que la plaisanterie faite à Louis XIV est due à la « 3ᵉ compagnie de grenadiers de la garde nationale de service au « poste de la place Royale la nuit dernière. Il y a là de quoi mettre « en belle humeur les braves gens qui placent sur la même ligne « les rigueurs salutaires de la Saint-Barthélemy et les massacres « des Cévennes. Louis XIV décoré des insignes tricolores ! Quelle « injure ce serait, si nous ne voyions aujourd'hui parés des mêmes « couleurs tant d'individus qui il y a trois mois n'étaient pas moins « absolutistes que le pénitent du jésuite Letellier ! »

Ces réflexions humoristiques ne furent pas du goût de tout le monde; le rédacteur d'un journal royaliste envoya une épître en vers fort mordante à l'adresse des gardes nationaux; il y fut répondu avec acrimonie. « Une lettre d'une écriture contrefaite,
« put-on lire dans le journal déjà cité, et contenant une chanson
« d'une rare stupidité et signée : *Un carliste* (c'était assez de l'esprit
« de la lettre pour qu'il fût utile de la signer), fut remise hier
« matin au corps de garde de la place Royale. Cet écrit, autant qu'il
« est possible de le reconnaître, est une boutade à l'occasion du
« drapeau placé à la main de Louis XIV. Nous ne voulions point
« parler davantage de l'auteur des dragonnades et des massacres
« des Cévennes; mais puisqu'on nous y ramène, nous devons ajouter
« quelques mots à ce que nous avons déjà dit.

« Dans les réactions politiques s'attaquer aux marbres et aux
« bronzes et les arracher de leur piédestal serait maladroit, et,
« puisque le bronze de l'amant fanatique de la veuve de Scarron
« est là, personne ne songera à l'en retirer. Les images des rois
« que recommandent leurs vertus et celles des princes dont les
« erreurs firent verser le sang sont également utiles pour l'instruc-
« tion des peuples; ce sont des souvenirs toujours présents qui
« commandent le respect pour les bons et appellent la défiance
« envers les mauvais. Lorsqu'une administration vassale de l'ab-
« solutisme vota des fonds pour élever cette idole au despotisme,
« tous les bons citoyens virent avec regret prodiguer pour de tels
« monuments des sommes qui eussent été bien mieux employées à
« établir une fontaine ou tout autre objet d'utilité reconnue.
« A l'époque de l'inauguration de la statue, une protestation plus
« éloquente eut lieu : quelques membres à peine de la cour
« royale parurent au milieu des autorités qui assistaient à la céré-
« monie. La plupart des anciens conseillers dédaignèrent d'y
« figurer, et l'un d'eux ne cacha point les motifs de cette absence :
« L'homme qui la cravache à la main, dit-il, chassa le Parlement
« du lieu de ses séances, ne mérite que le mépris de tout magis-
« trat qui se respecte.

« Aujourd'hui nous n'avons plus à craindre, Dieu merci, de voir
« les deniers publics affectés à des dépenses de cette nature; des
« abattoirs, des halles, des pavés et autres travaux utiles, sont les
« objets vers lesquels nos administrateurs portent leur attention, et

« ces objets leur vaudront plus de reconnaissance de la part de
« leurs concitoyens que les statues élevées par l'adulation aux
« Louis XIII et XIV et bientôt après peut-être à Charles IX lui-
« même, dont un membre de l'ancien conseil avait déjà célébré
« les vertus. »

Il n'était pas sans intérêt de rappeler ces manifestations d'opinion ; mais, quoi qu'il en fût des sentiments exprimés et des incidents de plus ou moins mauvais goût auxquels donna lieu la statue, elle resta sur la place Royale jusqu'en 1882.

Le 18 août de cette année, à la veille d'un concours régional, l'administration municipale, voulant à tort ou à raison procéder à de prétendus embellissements, décida de déplacer la statue et vota 5,000 francs pour la transporter à la place qu'elle occupe actuellement devant la façade du lycée.

L'idée était-elle heureuse ? nous ne le croyons pas.

La place Royale entourée de bornes reliées entre elles par des bandes de pierre, encadrée de tilleuls taillés, avec l'hôtel de ville au fond et cette statue assez sévère d'aspect au centre, avait quelque chose qui rappelait l'ancienne place Royale de la capitale et, en tout cas, un cachet tout particulier, bien à elle. Maintenant un square la remplace. Square comme tous ses pareils, avec ses gazons peignés, ses allées sablées se réunissant en étoile vers un point central, ses massifs plus ou moins fleuris, son kiosque à musique peu gracieux, ses chaises alignées, ses militaires et ses bonnes d'enfants. Vous retrouvez le même dans toutes les villes de province.

Le changement ne se fit pas sans protestations, et ce serait une fort divertissante histoire que celle des polémiques auxquelles donna lieu l'enlèvement de cette statue. C'est d'abord la séance même du Conseil municipal où se décide le déplacement, les uns faisant le procès du Roi et prétendant reléguer son image dans quelque musée, les autres réclamant au nom de l'art, certains enfin marchandant sur le prix demandé pour l'exécution de cette décision. Quelques jours après, c'est l'un des notables habitants de la ville qui écrit au maire une lettre de protestation au nom de ses opinions et de ses souvenirs de famille ; d'où réponse du maire, et le procès de ce pauvre Louis XIV recommence ; on lui reproche l'Édit de Nantes qui a ruiné la ville, et l'on rappelle l'appréciation de ce grand seigneur pamphlétaire qui à la mort du Roi raconte que « le peuple ruiné, accablé, désespéré, rendait grâce à Dieu « avec un éclat scandaleux d'une délivrance dont ses plus ardents « désirs ne se doutaient pas [1] ».

La presse, dite conservatrice, se mêle naturellement au conflit et blâme le maire avec la dernière acrimonie, tandis que le journal républicain le défend en attaquant la mémoire du Roi et en refaisant l'histoire à sa manière, et que le *Bonhomme normand*, petite feuille satirique, avec sa verve gouailleuse, se fait assez bien l'écho du sentiment populaire et juge en ces termes l'enlèvement du monarque : « Nous n'avons pas l'honneur d'appartenir à sa famille, mais déranger ainsi ce bonhomme qui ne fait de mal à personne, c'est tout simplement idiot. »

Cependant le débat devenait plus général, et, après la presse caennaise, les journaux parisiens de nuances les plus diverses consacraient de longs articles au maire de Caen. Citons entre autres : la *Liberté,* le *Temps,* le *Gaulois,* le *Soleil,* le *Monde,* le *XIXᵉ Siècle,* le *Clairon,* qui, sous la signature de Gaston Jolivet, publia une pièce de vers assez drôle ; la *France nouvelle,* l'*Union,* le *Voltaire,* le *Soir,* le *Figaro,* lequel, soit dit en passant, était si bien renseigné qu'il déplorait le sort de la statue « *équestre* » de Louis XIV ; le *Français,* le *Paris,* les *Tablettes d'un spectateur,* la *Gazette de France,* le *Télégraphe,* qui lui aussi taquinait les Muses à ce propos ; enfin, dans un autre ordre d'idées, la *Revue des Deux Mondes,* l'*Illustration,* etc.

Un seul journal, le *Rappel,* par la plume d'Auguste Vacquerie, fit exception et défendit les projets de la municipalité caennaise. Mais dans les autres quel luxe d'épithètes pour qualifier la décision prise! « provincial, vandale, iconoclaste, idiot, enfantin, stupide. » J'en passe, et des meilleures. La *France* notamment, dans son numéro du mercredi 13 septembre, s'était montrée particulièrement agressive en publiant un article de Marius Vachon intitulé : *Encore les iconoclastes provinciaux.* Le maire vexé commit la faute de répondre pour se justifier, s'étonnant assez naïvement « que ses amis politiques fissent cause commune avec ses ennemis ».

---

[1] Saint-Simon.

Les critiques sont gens susceptibles, et la riposte est souvent pire que l'attaque ; cette fois, elle fut cinglante. « Déboulonner une statue pour édifier sur son emplacement un kiosque à musique, écrit Marius Vachon, l'incident devient véritablement inouï, invraisemblable ; cela n'est plus du vandalisme, c'est du huronisme !... » Cette épithète ne dépare pas la collection !

Après les journaux sérieux vinrent les petites feuilles illustrées qui s'amusèrent d'une façon quelquefois spirituelle à reproduire le triomphe du maire de Caen sur Louis XIV. Puis la presse étrangère, russe et anglaise surtout, se fit l'écho de la presse parisienne. Le *Daily News* qualifia la municipalité de radicale, et le *Times* voulut bien espérer que cette contagion, « infection » iconoclaste, ne s'étendrait pas sur la France entière.

La polémique dura jusqu'en octobre, puis finit par s'éteindre. Les travaux d'enlèvement de la statue avaient d'ailleurs été rapidement exécutés. Commencés le 18 septembre, ils furent terminés le 21, jour où l'image du Roi se trouva transportée dans la cour du Palais de justice, ce qui, soit dit en passant, exerça encore la verve des journalistes.

Le 10 octobre, le socle étant solidement établi, elle fut réédifiée devant le lycée, où elle se trouve actuellement.

En résumé, si toutes ces attaques ont été vives et manquèrent fréquemment de bonne foi lorsque l'on déplorait un déboulonnement pur et simple, elles ne furent pas absolument injustifiées. Hors du cadre qui avait inspiré son auteur, la statue fait mal, c'est évident ; mais à côté de cet argument spécial n'existe-t-il pas des raisons plus générales qui devraient empêcher les municipalités de déplacer des monuments artistiques non sans valeur, que ce soit pour motifs politiques ou simplement sous prétexte d'embellissements plus ou moins justifiés ?

Une fois érigée, toute statue appartient au public, elle entre en quelque sorte dans le patrimoine artistique d'un pays, patrimoine qui n'est à personne et est à tous, dont nous n'avons pas le droit de disposer, qui doit rester intact pour ceux qui nous suivront. Ces considérations ont inspiré la loi protectrice de mars 1887. Grâce à elle, combien de monuments n'ont-ils pas déjà été sauvés ! Mais cette loi vise également les statues ; pourquoi semble-t-on l'ignorer ? Nous savons bien que la plupart du temps le goût des magistrats municipaux sera le meilleur garant contre ces changements, et qu'à Rouen on ne songe pas plus à toucher à la statue de Napoléon, qu'à Paris à celle de Henri IV ou de Louis XIV. Mais qui peut prévoir les fantaisies des édiles d'une petite ville? Or il en est qui possèdent des œuvres remarquables. Combien y a-t-il de ces images de nos grands hommes qui soient classées, partant protégées? On devait, il me semble, poser cette question..

PARIS. — TYPOGRAPHIE DE E. PLON, NOURRIT ET Cⁱᵉ, RUE GARANCIÈRE, 8. — 1914.

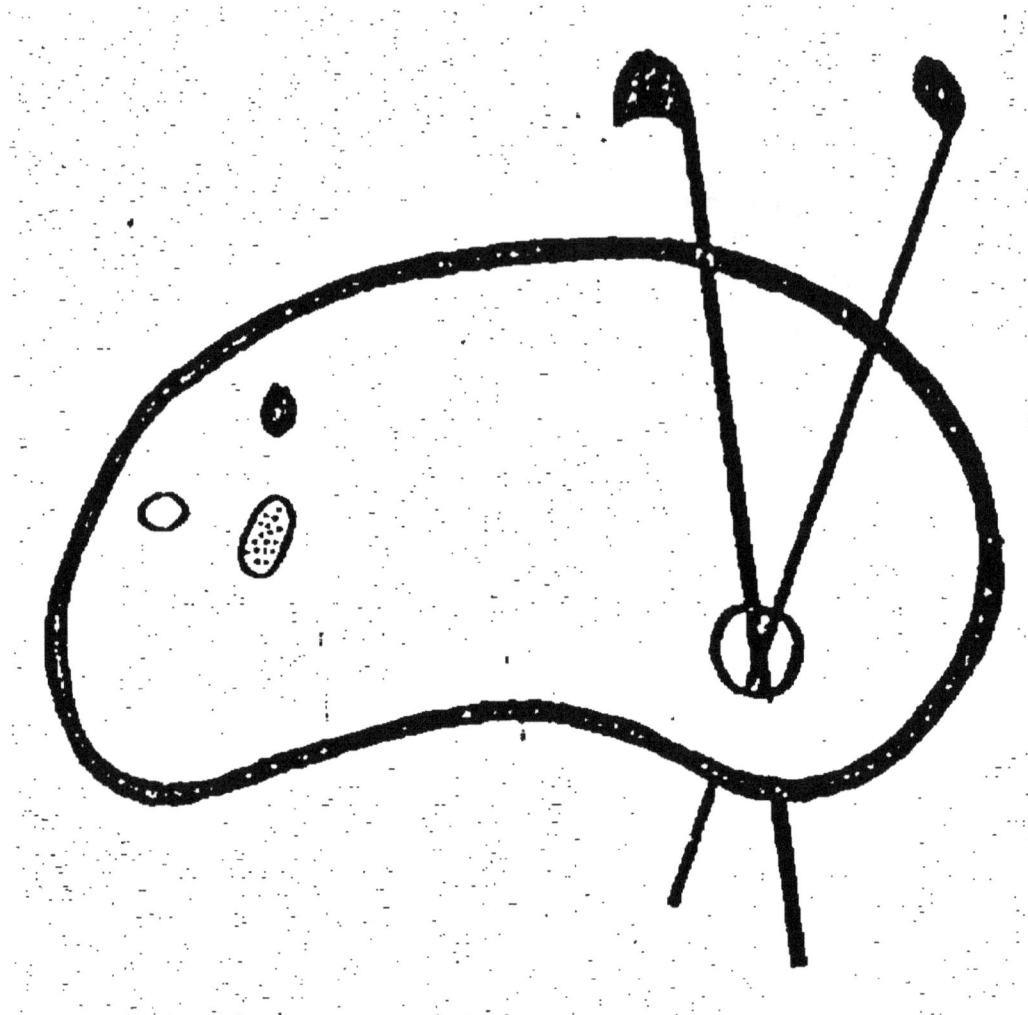

ORIGINAL EN COULEUR
NF Z 43-120-8

www.ingramcontent.com/pod-product-compliance
Lightning Source LLC
Chambersburg PA
CBHW060616050426
42451CB00012B/2275